# PANÉGYRIQUE

## DU BIENHEUREUX

# JEAN-BAPTISTE DE LA SALLE

PRONONCÉ

### PAR M. L'ABBÉ JULIEN LOTH

DOCTEUR EN THÉOLOGIE, PROFESSEUR HONORAIRE DE LA FACULTÉ DE THÉOLOGIE
CHANOINE HONORAIRE, CURÉ DE SAINT-MACLOU DE ROUEN

LE LUNDI 11 JUIN 1888

DANS LA CHAPELLE DU PENSIONNAT J.-B. DE LA SALLE, A ROUEN

OU SONT CONSERVÉES SES RELIQUES

ROUEN

IMPRIMERIE MÉGARD ET Cⁱᵉ

1888

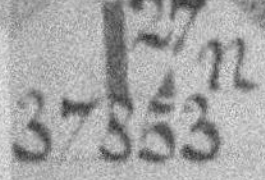

# PANÉGYRIQUE

DU

## BIENHEUREUX JEAN-BAPTISTE DE LA SALLE

ROUEN. — IMP. MÉGARD ET Cⁱᵉ

SIGNVM FIDEI

# PANÉGYRIQUE

## DU BIENHEUREUX

# JEAN-BAPTISTE DE LA SALLE

PRONONCÉ

## PAR M. L'ABBÉ JULIEN LOTH

DOCTEUR EN THÉOLOGIE, PROFESSEUR HONORAIRE DE LA FACULTÉ DE THÉOLOGIE
CHANOINE HONORAIRE, CURÉ DE SAINT-MACLOU DE ROUEN

LE LUNDI 11 JUIN 1888

DANS LA CHAPELLE DU PENSIONNAT J.-B. DE LA SALLE, A ROUEN

OU SONT CONSERVÉES SES RELIQUES

## ROUEN

IMPRIMERIE MÉGARD ET Cⁱᵉ

1888

# PANÉGYRIQUE

## DU

## BIENHEUREUX JEAN-BAPTISTE DE LA SALLE

———

> *Hic est fratrum amator et populi Israel.*
> Voilà un homme qui a bien aimé ses frères
> et le peuple de Dieu.
>
> II. Macc., XV, 14.

Mes Frères,

Le monde catholique retentit depuis l'aurore de cette année du nom et des louanges du bienheureux fondateur de l'Institut des Frères des Écoles chrétiennes. Rome, la ville mère et maîtresse, a donné le signal. La France, dont J.-B. de la Salle a été le digne fils et l'un des plus insignes bienfaiteurs, s'est efforcée d'élever ses hommages à la hauteur de sa reconnaissance. Rouen, où le Bienheureux a mis le sceau à son œuvre et à sa sainteté, et qui a gardé fidèlement son tombeau, couronne les démonstrations de la piété publique par ses solennels *Triduums*.

Rien n'aura manqué à la splendeur de l'amour du peuple chrétien : ni le concours des Princes de la hiérarchie sacrée, ni les accents des plus éminents orateurs, ni les magnificences de l'art, ni les pompes de nos cérémonies, ni les empressements du culte le plus populaire. Et cependant, si j'ose le dire, c'est ici, dans ce sanctuaire, que nos hommages revêtent le caractère le plus tendre et le plus touchant, car le Bienheureux est avec nous. Tout ce qui reste de ce grand homme de bien et de ce saint est là sur ce trône d'honneur dont nous ne pouvons détacher nos regards.

Je rends à ses sacrés ossements la vie qui les animait. Je vois sa douce figure, austère et souriante, ses cheveux blanchissants, ses yeux si profonds et si purs, ses traits où la souffrance avait marqué sa trace, sans pouvoir effacer les reflets de la beauté supérieure et de la souveraine bonté qui lui gagnaient les âmes. Cette vision se dégage des ombres du souvenir; elle m'apparaît dans la lumière et l'éternelle jeunesse du ciel. *Species cœli in visione gloriæ* (1). Qu'il est grand, qu'il est beau le Bienheureux! Et, volontiers, je tomberais à ses genoux pour le prier en silence dans le ravissement et l'émotion de ma foi.

Comment oser parler de vous, grande âme que le Seigneur a revêtue de gloire et d'immortalité, et enivrée au paradis de ses délices infinies? Quel charme peuvent avoir pour vous nos misérables paroles d'ici-bas? Aussi n'est-ce pas pour vous, mais pour nous, pour soulager notre cœur, pour acquitter la dette de notre reconnaissance que nous avons accepté la mission qui nous a été confiée. Prêtre, je viens vous bénir au nom de mes frères dans le

---

(1) *Eccli.*, XLIII, 1.

sacerdoce. Curé de l'une des plus anciennes paroisses de cette cité, je n'ai pas oublié que c'est à Saint-Maclou que vous avez fondé votre première école de Rouen, où nous jouissons depuis deux cents ans de vos bienfaits.

C'est au nom des multitudes d'enfants pauvres qui vous doivent, à vous et à vos dignes disciples, leur instruction chrétienne, que je viens vous honorer et vous remercier. *Narrabo omnia mirabilia tua, narrabo nomen tuum fratribus meis* (1). Permettez donc que j'oublie un moment mon indignité et votre grandeur, pour édifier cet auditoire, en lui rappelant que vous avez aimé, beaucoup aimé vos frères et le peuple de Dieu.

D'autres voix plus éloquentes que la mienne ont célébré et célébreront encore, dans nos solennités, l'histoire du Bienheureux, ses vertus, sa belle vie, sa sainte mort; ses louanges, répétées dans toutes les langues parlées par les hommes, se prolongeront jusqu'aux extrémités de la terre, *a finibus terræ laudes audivimus, gloriam justi* (2). Pour moi, circonscrivant mon sujet dans l'humble sphère qui convient à mes efforts, je ne veux vous parler aujourd'hui que de son amour d'apôtre, en le considérant en lui-même d'abord et dans les fruits qu'il a portés ici-bas.

----

(1) Ps. IX, 2; XXI, 23.
(2) Isaïe, XXIV, 16.

*

## I.

L'amour de l'apôtre, tel que le comprend la doctrine catholique et que je le définis ici, est le don de soi fait au prochain avec toute l'abnégation et tous les sacrifices réclamés par le salut des âmes ; c'est le commentaire en action de la parole du Maître divin : « Vous aimerez votre prochain comme vous-même pour l'amour de Dieu. » Pour accomplir cette grande loi de l'amour et continuer l'œuvre du Sauveur, il faut que l'apôtre se renonce soi-même, porte sa croix tous les jours, et suive le Christ jusqu'à l'immolation suprême du Calvaire. *Si quis vult post me venire, abneget semetipsum, et tollat crucem suam quotidie, et sequatur me* (1). Il faut qu'il puisse montrer, comme Paul, les glorieuses marques de ses souffrances, qu'il signale chacun de ses pas par les traces de ses larmes répandues, et qu'il présente, dans son corps meurtri et épuisé, l'image vive et naturelle de Jésus crucifié. Alors il a le droit de s'écrier : « Je donne de tout mon cœur tout ce que j'ai, et je me donne encore moi-même pour le salut de vos âmes. *Ego autem libentissime impendam, et superimpendar ipse pro animabus vestris* (2).

Jean-Baptiste de la Salle était de ces héros de dévouement qui, ayant beaucoup reçu, ont beaucoup à sacrifier avant de se donner eux-mêmes. Il était né riche, d'une antique et noble famille, avec

----

(1) Saint Luc, IX, 23.

(2) Saint Paul, II. Corinth., XII, 15.

tous les dons de l'intelligence et du cœur. Ses aïeux s'étaient honorés sous les armes, comme de bons chevaliers ; on les avait vus combattre à côté d'Alphonse d'Aragon, de Bayard, de Charles VIII ; leur blason était sans tache et leur renommée sans ombre. Jean-Baptiste, l'aîné de la famille, se trouvait appelé à en continuer les traditions et à en soutenir le lustre, lorsque, dans la fleur de ses ans, il entendit la voix du Maître qui lui dit : « Viens, suis-moi ! »

Il renonce sur-le-champ aux joies de ce monde, se consacre au service des autels et devient homme d'Église. Mais, là même, la considération dont il était entouré lui fait une place de choix. Il est chanoine de l'illustre Métropole de Reims, docteur en théologie, appelé, ce semble, à tous les honneurs de la cléricature. Est-ce toute la volonté de Dieu ? Non, il lui parle de nouveau au cœur, il lui montre une œuvre plus haute à accomplir.

Dans ce siècle, le plus brillant et le plus glorieux de notre histoire, où Bossuet et Fénelon enseignaient les rois, Bourdaloue, Fléchier, Massillon, la cour et les grands, où Pascal écrivait pour les penseurs, Newton et Leibnitz pour les savants, il fallait un apôtre pour évangéliser les enfants des pauvres.

Déjà Vincent de Paul était apparu et avait soulagé leur misère. Jean-Baptiste de la Salle, dont le nom ne pâlira pas à côté de ces grands noms, fut choisi pour les instruire.

Vous élevé-je trop haut, mon Bienheureux ? Dans cette mêlée éblouissante de génies et d'illustrations qui font cortège au grand roi, quelle place y a-t-il pour l'humble prêtre Jean-Baptiste de la Salle ? Ah ! si la gloire se mesure à l'amour et aux œuvres accomplies, il n'est inférieur à aucun de ces grands hommes.

Certes, les hommes d'État qui avaient nom Colbert et Louvois ;

les hommes de guerre qui ont frappé ces grands coups d'épée dont toute l'Europe a retenti, Condé, Turenne, Luxembourg, Villars, ont porté loin le renom et l'influence de notre patrie ; mais Jean-Baptiste de la Salle, par ses écoles et par ses disciples, les fera pénétrer plus loin encore, dans l'Asie, l'Afrique, l'Océanie, où, sous la bure des Frères, apparaîtront la langue, le génie, la charité de la France, et, la faisant mieux connaître par leurs bienfaits de chaque jour que les conquérants par leurs victoires éphémères, la feront plus aimer.

Les poètes immortels, Corneille et Racine, Boileau, Molière, la Fontaine, ont enchanté de leurs accents la génération qui les a entendus et toutes celles qui suivront ; mais quelle tragédie, quelle ode est comparable à l'hymne de la délivrance chantée par ces millions d'enfants rachetés de l'ignorance et de la dégradation ?

Oui, ces philosophes, Malebranche et Descartes ; ces savants, Labbe, Mabillon, Petau, Tillemont, Thomassin, Tournefort, Fermat, Mersenne, Cassini, et tant d'autres, ont reculé les bornes de l'esprit humain ; mais la Salle a ouvert à la multitude des petits les horizons infinis de la foi.

Nos peintres accomplis, Nicolas Poussin, Lesueur, Jouvenet, Lebrun ; nos artistes, Lulli, Mansard, Lenôtre, Nanteuil, G. Audran, ont laissé des œuvres exquises et embelli jusqu'aux grâces et aux charmes de la nature ; mais notre Jean-Baptiste de la Salle, ouvrier divin, a formé des âmes ! Son œuvre, étant plus haute, lui mérite plus de gloire, et, plus profonde et plus sainte, a duré plus longtemps.

Car qu'est-il resté debout des entreprises, des conquêtes et des splendeurs de ce beau siècle ? Le trône qu'il environnait de grandeur et d'éclat a croulé, toutes les institutions qui relevaient de lui ont péri, la race de Louis XIV est errante dans l'exil, cette noble province qu'il avait donnée à la France, l'Alsace, a été arrachée à la mère-patrie. Metz la Pucelle est foulée aux pieds des Teutons, le soleil de nos gloires et de nos prospérités s'est couché tristement dans un nuage de sang et de honte. O France de Louis XIV, où te retrouverai-je? Voyez passer dans nos rues la robe noire et le rabat blanc des Frères des Écoles chrétiennes, escortés de la légion joyeuse des petits enfants, c'est Jean-Baptiste de la Salle lui-même tel que l'a connu le XVII<sup>e</sup> siècle, c'est son Institut qui a survécu à tous les cataclysmes et à toutes les révolutions, car l'amour est plus fort que la mort, et ses œuvres sont impérissables. Donc je vous salue, grand humble, au milieu des héros de votre époque, où la reconnaissance publique vous placera toujours; je vous salue avant de raconter vos épreuves et vos abaissements volontaires.

Vous voulez descendre dans la foule pour la gagner à Jésus-Christ, je vous suis maintenant dans vos humiliations. Vous le savez, pour être écouté du peuple, il faut se rapprocher de lui et lui prêcher par l'exemple. S'il n'est que trop sensible aux grands mots et aux déclamations intéressées de ceux qui l'exploitent en le trompant, il résiste rarement à l'éloquence des actes.

D'ailleurs, Jean-Baptiste veut être apôtre, et, comme les apôtres, tout quitter pour suivre Jésus-Christ.

Alors eut lieu le grand acte du renoncement absolu. Il était dans l'antique et opulent manoir de ses ancêtres et il avait trente-deux ans. « Allons, se dit-il, il faut sortir d'ici, mettre aux pieds de la croix les titres et les honneurs, vendre et donner aux pauvres tout ce que je possède, oublier la maison de mon père et le nom que je porte, m'en aller, la besace au dos et le bâton à la main, évangéliser les pauvres. »

Les voix de la terre lui répondaient : « Arrête un instant, Jean-Baptiste. Oublies-tu que tu es l'aîné de la famille, que tes frères et tes sœurs réclament ton appui, que ces biens que tu vas disperser sont le fruit des labeurs de vingt générations?... Regarde tes aïeux, ils t'ont laissé l'héritage de leur honneur, de leurs sacrifices, de leurs travaux. Est-ce pour le jeter à la rue et passer pour insensé aux yeux du monde?

— Je brise tous mes liens, disait Jean-Baptiste, et je meurs à tout ce qui n'est pas le Christ.

— Mais l'Église de Reims, reprenaient les voix d'en bas, tu lui appartiens, elle t'a ouvert ses rangs, elle t'a placé dans ses conseils et revêtu de ses dignités.

— Vous m'arrêtez en vain : j'ai vu le Christ dépouillé, meurtri, défiguré, la risée des foules et l'abjection du peuple ; je l'ai vu couronné d'épines et ruisselant de sang. C'est ainsi qu'il m'appelle, ce sont ses plaies qui me crient : Va guérir les maux de mon peuple !

— Mais, ces maux, bien d'autres les soulagent ; et penses-tu les guérir seul ?

— Ceux qui m'attirent ont échappé jusqu'ici au zèle et à la charité. J'entends des multitudes d'enfants délaissés qui réclament le pain de la vérité et ne trouvent personne pour le leur rompre.

— Mais est-ce le fait des hommes de ta race ?

— Ceux de ma race n'ont-ils pas des devoirs à remplir envers le peuple? Ils en ont reçu des honneurs et des privilèges, que lui donnent-ils aujourd'hui en échange ? Sans doute ils ont versé leur sang pour défendre la patrie menacée, mais beaucoup étaient en ce siècle un luxe insolent et font descendre en bas les exemples funestes de leur corruption.... O mes aïeux, vous ne me démentirez pas si je vais à mon tour affranchir le Christ captif dans ses membres souffrants et marcher à une nouvelle croisade.

Et Jean-Baptiste n'hésite pas. Il dépose aux pieds de l'Archevêque de Reims son titre et son bénéfice de chanoine ; il distribue lui-même aux pauvres sa fortune, ses biens, tout l'or qu'il possède, non en une fois, par un de ces élans spontanés qui rendent le sacrifice moins pénible, mais peu à peu, en détail, tous les jours, pendant deux ans, pour goûter à loisir les joies austères du dépouillement absolu ; et quand il a donné jusqu'à sa dernière obole, il prend alors une robe de bure, les livrées de la pauvreté, et il s'en va, lui le fils des preux chevaliers, mendier sur les grands chemins et manger le pain noir de l'aumône.

C'en est fait maintenant : son âme est en repos, il se donne tout entier à son œuvre. *Animam ipsius requiescere facit* (1).

En ce temps-là, Bossuet, prêchant à la cour, disait avec des larmes à Louis XIV : « Sire, c'est Jésus mourant qui vous y exhorte, il vous recommande vos pauvres peuples. » Fénelon écrivait les lettres les plus énergiques et les plus attendrissantes ; Bourdaloue s'immortalisait avec ses sermons sur l'emploi des richesses et la nécessité de l'aumône ; mais, tandis que ces grandes voix tombaient sur les sommets de la société, un homme caché dans un faubourg de Paris, devenu le dernier des pauvres et la risée de ses amis, jetait les fondements d'une œuvre qui devait être l'un des plus grands bienfaits accordés au peuple.

---

(1) *Prov.*, XXV, 13.

*Et dedit se ut liberaret populum* (1). Nous le jugerons tout à l'heure à ses fruits.

Il nous faut voir ici comment notre apôtre a entendu le don de soi par où se prouve le véritable amour. Il a donné tout ce qu'il avait, il se donne maintenant lui-même et il fait le vœu resté célèbre :

« Très sainte Trinité, Père, Fils et Saint-Esprit, prosterné dans un très profond respect devant votre infinie et adorable majesté, je me consacre tout à vous et fais vœu de m'unir et demeurer en société avec mes frères, pour tenir ensemble et par association les écoles gratuites en quelque lieu que ce soit, quand même je serais obligé, pour le faire, de demander l'aumône et de vivre de pain seulement. »

Eh bien ! mes Frères, le sacrifice est-il accompli ? Il commence.

Ce bon cœur va connaître l'ingratitude, l'injustice, la persécution.

Il fonde ses écoles ; il y convoque les pauvres petits enfants abandonnés ; il leur fait connaître et goûter les vérités de la religion, en même temps qu'il ouvre leur intelligence aux clartés et aux charmes des lettres et des sciences, et voici que toutes les vilenies, toutes les méchancetés humaines se déchaînent contre lui.

Vous ferai-je le lamentable tableau de ses épreuves, ici, en un pareil moment ?

Non ; je les rappelle pour vous montrer le grand amour de ce cœur vivifié et fécondé par la souffrance. Que l'enfer soit conjuré

---

(1) I. Macch., VI, 44.

contre l'apôtre qui doit lui arracher tant d'âmes, je le conçois. Que ceux dont il trouble le repos et menace les intérêts se liguent contre lui, c'était prévu. Mais les coups lui vinrent d'où il ne pouvait les attendre. Ceux qui auraient dû les premiers comprendre l'excellence de son œuvre et la seconder de tous leurs efforts, la méconnaissent et la traversent avec une opiniâtreté et une rigueur implacables. Laissons ces aveugles. C'est vous que je contemple, sainte victime, douce, humble, résignée. Votre œuvre de Reims est tombée ; plusieurs de vos disciples vous ont abandonné et trahi ; le pain manque à vos maisons ; le curé de Saint-Sulpice vous dénonce ; l'Archevêché de Paris vous intente un procès ; M. de Noailles vous dépose ; le lieutenant de police vous condamne ; votre pauvre mobilier est saisi ; le Parlement, imbu de jansénisme, dans un arrêt inqualifiable, vous fait défense de tenir aucune petite école pour l'instruction de la jeunesse dans l'étendue de la ville et des faubourgs de Paris.

Est-ce assez ? Les écoles sont fermées ; tous l'abandonnent, même ses anciens amis. Il est seul, tout seul, écrasé sous le poids de l'ingratitude universelle. Que dis-je, seul ! Oh ! non, il est avec Jésus. On le voit malade, se traînant sur les genoux, aux pieds de son crucifix. « O mon Jésus, me voici comme vous sous l'opprobre du monde. Qu'il m'est doux d'être attaché à la croix ! Recevez-moi dans vos bras et faites-moi goûter le bonheur de souffrir avec vous ! »

Il était las, épuisé, exténué, sur un pauvre grabat, lui qui avait eu un domaine seigneurial ; la maladie s'aggrave ; ses mains ne peuvent plus tenir le crucifix ni ses lèvres lui parler, mais comme il le regarde ! Tout le secret de sa force est là. Il dompte la maladie, il surmonte toutes les épreuves.

Relève-toi, noble apôtre; ton œuvre, fécondée par la douleur, est désormais impérissable. Ton sacrifice a été agréable au Seigneur, ton héroïque dévouement ne sera pas stérile. Relève-toi! C'est maintenant que ton œuvre s'étendra jusqu'aux extrémités du monde. *Lauda, sterilis…. Dilata locum tentorii tui, et pelles tabernaculorum tuorum extende* (1). Si Paris le rejette, Rouen l'appelle; son Archevêque l'ouvre ses bras; la terre est choisie où s'épanouira la première moisson. Ton grand amour, qui n'a vécu jusqu'ici que de renoncements, de souffrances, de tribulations, va devenir prodigieusement fécond.

Seulement, jusqu'à la fin, le Bienheureux égalera ses sacrifices et ses renoncements aux développements de son œuvre. Quand il aura mis à Saint-Yon la dernière main à la règle et aux constitutions de son Institut, quand il aura établi ses écoles jusque dans la ville éternelle, il se démettra, par un rare exemple, lui le fondateur, du gouvernement de l'Institut; il deviendra le dernier et le plus soumis des membres de sa congrégation; il achèvera, par ses pénitences et ses effrayantes austérités, son dépouillement universel, et il ira, joyeux, au-devant du dernier sacrifice.

A sa mort, il n'avait plus à offrir à Dieu que les débris d'un corps épuisé de fatigues et de mortifications. Il le fit dans un cantique d'actions de grâces.

La réponse du ciel ne se fit pas attendre. Jésus le pressa sur son cœur, dans la communion suprême, et l'inonda de ses divines consolations. Les regards de l'apôtre purent contempler, en se fermant, ses écoles et ses fils répandus en tout lieu, et partout florissants et bénis, et l'immense moisson que les siècles à venir

---

(1) Isaïe, LIV, 2.

tenaient en réserve. Peut-être lui fut-il donné d'entrevoir ce beau jour, ce sanctuaire, ces honneurs rendus à ses restes sacrés, et de vérifier ainsi l'oracle du prophète : *Ad punctum in modico dereliqui te et in miserationibus magnis congregabo te* (1).

On entendit partout alors, dans notre ville, le cri de la douleur et de l'admiration publiques : « Le saint est mort! » Oui, mais son œuvre est vivante.

Voyons, mes frères, les fruits de l'amour d'un apôtre.

_________

(1) Isaïe, LIV, 7.

## II.

Avant d'aborder cette seconde partie de mon discours, il me
faut rendre solennellement témoignage à la vérité et au zèle du
clergé catholique. Depuis que le Christ a prononcé cette parole
libératrice : Les pauvres sont évangélisés, *pauperes evangelisantur*,
l'une des plus constantes préoccupations de l'Eglise a été d'assurer
aux pauvres le bienfait de la foi et de l'instruction. L'érudition
serait ici déplacée ; mais j'atteste, avec les écrits des Pères, les
canons des Conciles, les documents pontificaux, les monuments de
l'histoire et la *Vie des Saints*, que l'Eglise n'a jamais failli à sa
mission. Ecoles cathédrales et paroissiales étaient si nombreuses
et si répandues au moyen-âge, que Gerson, dans son *Traité de la
visite des Diocèses*, conseille aux Evêques de s'enquérir avec soin
« si chaque paroisse possède une école, comment les enfants y
sont enseignés, et d'en établir là où elles font défaut (1). »

Et puisque j'ai prononcé le nom de ce grand homme, qui a
honoré la France et servi l'Eglise avec un talent et un dévouement auxquels on n'a pas toujours rendu hommage, j'aime à rap-
peler que, joignant l'exemple au précepte, l'illustre chancelier de
l'Université employa les dernières années de sa vie à Lyon à
instruire les pauvres petits enfants. Il allait les recueillir par les
rues et les places de la ville, afin de leur consacrer les restes d'une

----

(1) Édit. d'Anvers, tome II, col. 1360.

grande voix qui était tombée et les flammes d'un cœur toujours brûlant de la plus tendre charité.

Les guerres de religion, dans la seconde moitié du XVIᵉ siècle, avaient ruiné à la fois, dans presque toute la France, les églises et les écoles. Le règne réparateur de Louis XIII n'avait pu les relever. Il se faisait alors, dans ce XVIIᵉ siècle qui porta à leur apogée la gloire et la grandeur de la France, un effort général pour restaurer l'état moral et religieux de la patrie. De saints prêtres écrivaient : « Les maux de l'Église ne peuvent être guéris que par les séminaires et les petites écoles. Les séminaires sont les écoles des ecclésiastiques ; les petites écoles sont les séminaires des chrétiens (1). »

Les séminaires avaient été fondés ; les études ecclésiastiques, puissamment encouragées par Saint-Sulpice et l'Oratoire, étaient partout en honneur. Des hommes, comme M. Olier, le cardinal de Bérulle, M. de Condren, le P. Bourgoing, M. Bourdoise, le P. Eudes, M. Boudon, le B. Grignon de Montfort, le B. Pierre Fourrier, le V. Gallemand, donnaient la main au grand Vincent de Paul dans la réforme des clercs et des mœurs chrétiennes. Saint François de Sales venait de renouveler le zèle et la piété ; Bossuet, l'éloquence ; Fénelon, la littérature sacrée. Il était réservé à J.-B. de la Salle de faire pénétrer l'esprit chrétien dans l'enseignement populaire.

Sans doute, et nous aimons à le reconnaître à l'honneur du clergé et des belles âmes de ce temps, il avait eu des précurseurs. Comment oublier ici l'admirable P. Barré, Mᵐᵉ de Maillefer, M. Roland, le pieux et savant théologal de Reims ; M. Adrien Nyel,

---

de Rouen, « un de ces hommes de bien dont une ville se doit de conserver la mémoire (1)? » Mais leurs essais ne faisaient qu'attester un besoin évident. Soyons justes envers tous. Un mouvement s'opérait dans plusieurs de nos provinces en faveur de l'instruction populaire, mais rien n'était créé. Si l'on trouve çà et là des matériaux préparés, où était le monument? où l'architecte? A l'heure voulue, la Providence suscita notre Bienheureux. *Et omne opus, horâ suâ, subministrabit* (2).

Je le dis avec une conviction profonde, bien que je n'entende exprimer en ce moment qu'une opinion personnelle, si l'enseignement des belles-lettres, ce que nous appelons aujourd'hui l'enseignement secondaire, avait trouvé son J.-B. de la Salle, qui eût balayé des collèges l'engouement mythologique et tous ces restes impurs du paganisme remis en faveur par la Renaissance, la génération fatale des hommes du xviii° siècle eût été épargnée à la France, et avec elle les maux insondables de la Révolution.

Notre Bienheureux s'était donné la mission de s'occuper du peuple; c'est à son instruction qu'il se dévoue.

Sa fondation, prodigieuse, quand on l'examine de près, comprend deux œuvres essentielles, liées entre elles et se complétant l'une par l'autre. Il crée le programme et la méthode de l'enseignement populaire; il crée en même temps les apôtres chargés de les propager et de les appliquer.

A la base de son programme, il place l'enseignement de la religion, et c'est par là qu'il a contribué à conserver aux classes populaires le bienfait de la foi et de la civilisation chrétienne. Je

---

(1) M. DE BRACKELESME, *Recherches sur l'instruction publique*, tome II, p. 331.

(2) *Eccli.*, XXXIX, 39.

ne puis, dans un discours si resserré, m'étendre sur le programme qui satisfait à toutes les exigences de l'esprit et à tous les besoins de la société, ni sur la méthode exposée dans un chef-d'œuvre, le livre *de la Conduite des Écoles chrétiennes*, où il a fait œuvre de création et de génie; je me borne à le saluer, à ce seul titre, comme un des bienfaiteurs de l'enfance, car il a voulu, autant qu'il était en lui, la délivrer de l'ignorance religieuse, le plus grand des maux.

Sondez, si vous le pouvez, l'abîme où cette ignorance jette les âmes !

J'ai besoin de savoir, moi qui suis jeté sur la terre dans la lutte pour la vie, l'énigme de ma destinée.

Dis-moi, ô superbe impiété, d'où je viens, ce que j'ai à faire ici-bas, où je vais.

Réponds-moi. D'où viens-je? — Je n'en sais rien; du hasard, d'une molécule errante dans l'espace, ou peut-être d'un polype transformé.

Qu'ai-je à faire ici-bas? — Tu as à travailler, à lutter, à jouir, si tu peux ; sinon, à souffrir, à mourir.

Quoi ! c'est là tout ce que tu me promets? — Oui, mais je te donne la liberté, je t'affranchis de tous les maîtres au ciel et sur la terre, je proclame les droits d'homme et de citoyen.

Quelle ironie! le droit d'obéir à toutes les lois qu'il plaira, non à l'élite de l'humanité, mais à la multitude triomphante, au nombre seul, d'édicter! Tu me fais libre vis-à-vis du ciel, mais esclave, sur la terre, d'une société qu'il me faut servir, du berceau à la tombe, comme une machine dont elle fait mouvoir les ressorts. C'est peu et c'est triste.

Mais enfin que deviendrai-je? — La science ne le dit pas. Tu iras au néant ou au grand Tout. Au néant, tu auras passé comme le souffle qui traverse l'atmosphère ; au grand Tout, tes ossements serviront à engraisser la terre nourricière et entreront dans les transformations successives de la vie.

Or, mes frères, un peuple élevé dans ces idées est voué fatalement à la douleur, aux mœurs farouches, au désespoir. Il peut sonner par avance le glas de ses funérailles, et descendre dans la tombe en maudissant le jour où il est né !

Qu'enseigne la religion ? Elle apprend à l'homme que, créé par Dieu, l'Être bon par essence, il doit retourner à Dieu ; que son âme immortelle, rachetée par le Christ, est appelée à mériter par ses œuvres le bonheur infini qui lui est réservé ; que la vie présente est une épreuve, dont le ciel sera la récompense, et que, pendant l'épreuve, il a pour compagnon, pour guide, pour ami, pour frère, le Dieu fait homme, vivant à ses côtés et se donnant à lui.

Telle est la sublime et consolante doctrine chrétienne que J.-B. de la Salle s'est attaché, par l'école, à faire connaître et aimer du peuple.

« La fin de cet Institut, proclame-t-il, est de donner une éducation chrétienne aux enfants ; et c'est pour ce sujet qu'on y tient les écoles, afin que, les enfants y étant sous la conduite des maîtres depuis le matin jusqu'au soir, les maîtres leur apprennent à bien vivre. »

Pour perpétuer ce bienfait, il a créé une génération d'instituteurs à son image, qui seront dans le monde les plus puissants auxiliaires du sacerdoce, car les Frères, au milieu de leurs élèves, seront comme les prêtres au milieu de la grande famille chrétienne, les apôtres de la lumière, de l'espérance et de la charité,

Hommes et jeunes gens qui m'entendez, vous qui avez été élevés par ces maîtres admirables, qui êtes la fleur de leur zèle, la couronne de leur dévouement, nobles chrétiens, levez-vous et répondez, en face des ossements de ce saint ; ne les bénissez-vous pas, tous les jours, d'avoir formé votre intelligence à la foi et votre cœur à la vertu ? Il est donc vrai, ô Père bienheureux, que votre amour a été fécond, et que les fils sortis de votre pensée et de votre âme demeurent votre plus belle louange et votre éternel honneur. *Hæc est hæreditas servorum Domini, et justitia eorum apud me, dicit Dominus* (1).

Je vous vois entouré de cette vaillante milice qui depuis deux siècles continue votre œuvre. Qu'elle est belle et qu'elle est immense cette légion d'apôtres ! Elle couvre de ses écoles et de ses bienfaits les deux mondes reconnaissants. Ils sont partout dans la vieille Europe ; l'Asie les vénère comme des sages et des êtres presque surhumains ; l'Afrique leur doit en partie ses promesses de résurrection ; l'Amérique les proclame les premiers éducateurs du monde et les entoure d'estime et d'honneur ; l'Océanie leur ouvre ses îles comme aux meilleurs pionniers du progrès et de la civilisation.

Comptez, si vous le pouvez, les combats qu'ils ont livrés à l'ignorance, au vice, à l'impiété, cause de tous les malheurs, et célébrez, si vous aimez les hommes, les victoires qu'ils ont remportées ! *Montes et colles cantabunt coram vobis laudem, et omnia ligna regionis plaudent manu* (2).

Comme leur père, ils se sont exercés à leur mission par le

---

(1) Isaïe, LIV, 17.

(2) Id., LV, 13.

sacrifice et l'immolation personnels ; ils ont rompu par leurs vœux tous les liens qui attachent à l'égoisme, pour se donner aux âmes.

Où trouvez-vous une règle plus austère, une discipline mieux observée, un renoncement plus absolu ? Les Frères se lèvent avec l'aube, prient et méditent plusieurs fois le jour ; ils enseignent pendant huit heures, c'est-à-dire qu'ils dépensent toutes leurs forces au labeur le plus pénible, dans une école nombreuse où l'ordre doit toujours être maintenu ; rentrés le soir à la communauté, ils ne se reposent des fatigues de la classe que par l'étude personnelle imposée par la règle ; leur table est la frugalité même ; leurs récréations, de pieuses conversations. Suivez-les à la promenade : ils portent un chapelet qu'ils égrènent fidèlement, le Nouveau Testament où ils puisent chaque jour la science sacrée, l'*Imitation de Jésus-Christ*, qui leur répète sans cesse : « Aime à être inconnu et à être compté pour rien. Toute gloire humaine, tout honneur passager, toute la grandeur du monde n'est que folie et vanité en comparaison de la gloire éternelle. » Leur joie la plus enviée est la communion fréquente, où ils trouvent Jésus, le grand amour de leur vie. Ah ! vous vous demandez parfois, hommes de ce temps, comment, sans espoir de récompenses humaines, au milieu des insultes et des contradictions, cette race de généreux, ces héros de l'instruction se perpétuent encore et ne se lassent jamais ! Sachez-le bien, le secret de leur dévouement est dans leur vertu, la source de leur zèle dans leur religion. Ils seraient trop heureux si les hommes étaient justes envers eux ; mais il leur faut des souffrances et des persécutions, et notre temps et notre pays, hélas ! ne les leur ménagent pas.

Eh bien ! c'est là qu'ils triomphent. Ils répondent aux injures par des prières, aux calomnies par une plus complète abnégation, à la proscription par des services plus signalés. Comme on les avait vus monter avec des hymnes et des sourires sur les échafauds de la Terreur, notre génération les a admirés sur les champs de bataille, ramassant et soignant les blessés, et mourant à côté de nos soldats.

Écoutez le témoignage que leur a rendu l'Académie française, en leur attribuant le prix de la ville de Boston pour le plus bel acte de dévouement pendant le siège de Paris :

« Lorsqu'on vit la patrie en danger, le sentiment qui nous émut tous les émut vivement ; ils se demandèrent comment ils pourraient concourir à sa défense et soulager ses maux. Deux fibres vibrèrent à la fois dans leur cœur : celle du citoyen et celle du chrétien. Deux sentiments et deux vertus les entraînèrent : le patriotisme et la charité.... On les voyait de grand matin, par un froid rigoureux, traverser Paris au nombre de trois à quatre cents, salués par la population, le Frère Philippe en tête, malgré ses quatre-vingts ans, et les envoyant au combat, où il ne pouvait les suivre. Quant aux Frères, ils affrontaient le feu comme s'ils n'avaient fait que cela toute leur vie, admirables par leur discipline et leur ardeur. C'est ce que tout le monde a proclamé. »

Dans les fléaux et les calamités publiques : choléras, inondations, incendies, on les trouve au premier rang parmi les plus intrépides et les plus dévoués, prouvant une fois de plus au monde que la foi qui fait les chrétiens fait aussi les meilleurs citoyens.

Enfin, ils portent un nom qui dit tout. Le peuple, les plus pauvres petits enfants, les derniers des délaissés, les appellent : Mon Frère, mon cher Frère, sachant bien que sous leur bure bat un cœur ouvert à tous les dévouements et à toutes les saintes affections.

J'ai vu le Frère populaire des écoles chrétiennes. Il avait ensei-
gné, pendant cinquante ans, sur ma paroisse (1) ; il était devenu
l'ami, le conseiller, l'oracle du quartier. Sa vue seule valait une
prédication ; ses félicitations étaient pour les hommes mûrs une
récompense ; la crainte de le contrister apaisait les querelles, le
désir de lui plaire enfantait les généreuses résolutions. Quand il
passait dans nos rues, les enfants couraient à lui, toutes les figures
s'épanouissaient en le saluant, son sourire était la bénédiction de
la journée. Au jour de ses funérailles, ses anciens élèves, des
hommes estimés dans la cité, voulurent porter son cercueil, et
c'est sur les épaules du peuple qu'il est entré dans sa dernière
demeure.

J'ai vu, un jour aussi, la reconnaissance nationale s'affirmer
dans une manifestation digne d'elle. Le 2 juin 1875, la France,
par ses représentants les plus autorisés, était groupée autour de
la statue de notre Bienheureux et rendait hommage à ses bienfaits.
Le cortège, qui s'était déroulé de la Métropole à la place Saint-
Sever, avait trouvé la foule émue et sympathique. On avait admiré
les gracieuses phalanges des petits enfants, les écoles religieuses
et laïques unies dans un même sentiment de fraternité, les
nombreuses députations de sociétés d'hommes et de jeunes gens,
nos trois cents prêtres ; les princes de la hiérarchie sacrée ;
ces neuf Archevêques et Évêques, aussi vénérables par leurs
vertus et leurs mérites que par leur éminente dignité ; mais dans
la belle ordonnance de cette marche triomphale, qui avait remué
le plus profondément les cœurs ? Ah ! il m'en souvient pour
l'avoir ressenti, c'était le groupe des Frères marchant sous

_______________

(1) Le bon Frère Épimaque.

leur glorieux étendard. A la vue de ces hommes, si humbles dans leur foi, si touchants dans leur recueillement, au souvenir de leurs souffrances et de leurs labeurs si souvent méconnus, le respect tenant nos voix muettes, nos âmes les entouraient d'hommages et de bénédictions : « Honneur à vous, dignes religieux, qui avez répandu à flots l'instruction sur les foules, qui tenez ouvertes de par le monde des milliers d'écoles gratuites, qui avez formé tant d'hommes considérés dans le sacerdoce, la magistrature, l'armée, le commerce, l'art et l'industrie; passez, escortés de tous les ignorants que vous avez éclairés, de tous les pauvres que vous avez recueillis, de tous les orphelins que vous avez élevés; passez, hommes de foi, bénis de la France et de l'Église ! ce jour vous paye de toutes les ingratitudes et vous entoure d'une auréole ineffaçable ! »

Voilà vos fils, ô Père bienheureux ; ils vous répètent et vous continuent à travers les siècles ; et si j'ai parlé d'eux, c'était pour achever votre histoire en montrant les fruits que votre amour d'apôtre avait portés. *Filii tibi sunt, erudi illos et curva illos* (1). Certes, on en conviendra, si vous avez beaucoup donné, vous avez beaucoup recueilli. La semence que vous avez jetée en terre avec des larmes et des sacrifices est devenue cette immortelle moisson de chrétiens et d'élus qui vous entourent au ciel et y forment pour l'éternité votre vivante et splendide couronne. *In multitudine electorum habebit laudem et inter benedictos benedicetur* (2).

---

(1) *Eccli.*, VII, 25.

(2) *Ibid.*, XXIV, 4.

Et maintenant l'Eglise vous décerne les honneurs de ses autels. Autrefois, quand vous pénétriez dans la Cathédrale des Colbert et des d'Aubigné, c'était timidement, dans votre pauvre bure, au dernier rang ; vous vous agenouilliez sur ses dalles, le front dans la poussière, cherchant à être inconnu et méprisé des hommes. Demain toutes les cloches ébranlées salueront votre entrée triomphale. Vos sacrés ossements, entourés de pourpre et d'or, seront portés sur les épaules de vos Fils, salués par les acclamations de la liturgie et les concerts des harmonies sacrées. Huit Pontifes, l'honneur de l'Eglise de France, inclineront devant vous leurs têtes augustes et vénérables et vous feront cortège, et avec eux, le clergé et l'élite des fidèles de ce grand diocèse ; et cette exclamation de Bossuet nous montera aux lèvres : « Quel état ! et quel état ! »

C'est ainsi que Dieu, patient parce qu'il est éternel, glorifie, même ici-bas, ses apôtre et ses saints. *In Deo honorabitur et in medio populi sui gloriabitur* (1).

Mais, avant de nous quitter pour la pompe des solennités suprêmes, pendant que vous êtes encore avec nous, dans ce sanctuaire qui vous est consacré et qui sera désormais votre douce et glorieuse demeure parmi les hommes, au milieu de vos Frères bien-aimés et de l'élite de vos fils, Père bienheureux, bénissez-nous !

Que votre main se lève de cette châsse, qu'elle se ranime, s'étende sur cet auditoire et s'abaisse sur nous ! Nous sommes tous inclinés humblement.

Ecoutez-moi encore. Je vous appelle, ô Père, je vous appelle ! Naguère délégué par le vénéré Cardinal de Bonnechose, je suis

---

(1) *Eccli.*, XXIV, 1.

venu près de vos ossements sacrés prier pendant neuf jours et vous demander un miracle pour le jeune Etienne de Susanne; vous l'avez accordé (1).

C'est la jeunesse de notre pays, c'est notre pays lui-même qui est aujourd'hui en péril. Intercédez pour lui et méritez-lui de conserver le don de la foi. Et obtenez-nous, à nous prêtres, frères et fidèles, de savoir souffrir à votre exemple, nous dévouer, nous immoler jusqu'à notre dernier soupir, en aimant et en servant comme vous les pauvres, la France et Jésus-Christ!

---

(1) Ce miracle est un de ceux qui ont été admis comme véritables et dûment constatés dans la cause de la béatification, par décret du 1er novembre 1857.

64